AF246134

DISCOURS

PRONONCÉ

DANS LE TEMPLE DE LA RAISON DE BRUXELLES,

le décadi, 30 pluviôse, de l'an troisième de la République Française, une et indivisible,

PAR

PERÈS,

Représentant du Peuple près les Armées du Nord et de Sambre et Meuse.

A BRUXELLES,

de l'Imprimerie des Armées du Nord et de Sambre et Meuse.

DISCOURS *prononcé dans le Temple de la Raison de Bruxelles , le décadi 30 pluviôse de l'an troisième de la République Française , une et indivisible, par Perès , Représentant du Peuple , près des Armées du Nord et de Sambre et Meuse.*

LA mission dont la Convention nationale m'a honoré, par son décret du 9 nivôse, s'étend depuis les départemens du Nord jusqu'à l'armée victorieuse qui a purgé la rive gauche du Rhin des brigands qui l'infestaient, et jusqu'à celle qui vient de conquérir la Hollande à la liberté. J'ai vu les habitans de l'extrême frontière; leurs malheurs n'ont point ralenti leur courage; ils ont tous dans le cœur le saint amour de la Patrie; et sur les débris fumans de leurs maisons embrâsées, ils ont juré de vivre et de mourir libres malgré les efforts impies des tyrans coalisés pour leur redonner des chaînes. Ils ont dit. . . . . « Nous » sommes Français, et nous ne flétrirons pas ce beau » nom. Nos corps, nos biens, toute notre exis- » tence est à la République; et si quelque chose » peut nous consoler du dommage que nous a » causé un ennemi féroce, c'est l'espoir qui nous

» reste de donner des nouvelles preuves de notre dé-
» vouement à la cause sainte que nous défendons ».

Qu'il est beau ce spectacle, Citoyens ! Et comment en être le témoin insensible ? Comment voir cette brûlante énergie que rien ne peut éteindre, ni altérer, sans que l'admiration s'empare de tous nos sens, sans que des larmes d'attendrissement viennent humecter nos paupières ? Ah ! peuple grand et magnanime ! l'histoire s'empare déja de tes vertus ; et la postérité, ce juge lent, mais incorruptible et juste, n'y croira qu'à peine, tant la vraisemblance manque à la vérité !

Je verrai bientôt ces phalanges guerrières, ces armées triomphantes qui remplissent l'univers du bruit de leurs exploits ; et c'est encore-là que je trouverai, avec tous ses caractères, l'héroïsme républicain.

J'y verrai la discipline la plus exacte, l'obéissance la plus étroite aux chefs, la déférence la plus entière à la loi, le respect le plus absolu pour la représentation nationale. J'y verrai la faim de la liberté, la soif de la gloire, le sacrifice continuel des commodités et des besoins de la vie au besoin plus impérieux de vaincre et de triompher. J'y verrai des prodiges constans de courage, des miracles inouïs de valeur, des exemples multipliés de toutes les vertus civiles et militaires. En un mot, c'est-là que je verrai loin des manœuvres des conspirateurs, des agitations des ambitieux, es menées des intrigans, de l'impudence des

fripons, des spéculations froides et cruelles de
l'égoïsme sur la misère publique ; c'est-là , dis-je ,
que je verrai la République par extrait, telle
qu'aucune nation ne l'a eue avant nous , et telle
qu'elle sera répandue sur tout le sol de la France.
A la vue de ce tableau sublime, je m'écrierai. . . .
« Soldats ! où est l'ennemi ? Je marche à votre
» tête ; laissez - moi cueillir avec vous quelques
» branches de laurier , ou qu'un beau trépas
» vienne consacrer ma haine pour les rois , et
» mon amour pour l'égalité ! »

Je verrai ce peuple industrieux et commerçant
qui combattit un siècle pour recouvrer ses droits ;
qui les perdit par trop de confiance , et presque
sans s'en douter ; qui sentit le joug s'appesantir
lorsqu'il voulut le secouer ; et qui nous embrasse au-
jourd'hui comme ses libérateurs et ses frères.

En attendant que je passe du point d'où j'arrive
à ceux où je vais, je suis dans la Belgique, je
suis au milieu des habitans de Bruxelles. Citoyens ,
c'est à vous de me dire si je dois poser le pinceau
avec lequel je viens d'esquisser l'enthousiasme de
vos voisins pour la liberté , ou si je dois le tenir
encore pour crayonner votre portrait politique , et
vous signaler aux nations. Croyez - vous que les
couleurs , que je viens d'employer , conviennent à
votre physionomie ? ou faut - il , pour saisir la
ressemblance , que je les délaie , et que je leur
donne moins de consistance et de vie ? Etes-vous

ces anciens Belges, ces dignes enfans des Gaules qui commandaient à la victoire, lorsque leur indépendance était attaquée ou menacée? ou le sceptre impérial vous-a-t-il tellement engourdis, que vous aimiez mieux croupir dans la servitude, que de faire un mouvement pour la briser?

Citoyens, je ne vous ferai pas l'injure de pousser plus loin ces interrogats, et de prolonger le doute qu'ils semblent vous offrir. Oui, vous avez dans l'ame le sentiment de la liberté, il est dans celle de tous les hommes, et malheur, à celui dont le cœur ne tressaille pas à ce nom sacré! il est à coup sûr une erreur de la nature, ou le chef-d'œuvre de la corruption humaine : mais ce sentiment que votre sein renferme, j'ose vous le dire, il y est étouffé par des élémens hétérogènes, par des notions vagues ou fausses, par une confusion de principes et d'idées qui vous trompe, qui vous égare, et vous fait prendre l'ombre pour le corps, et le fantôme pour la réalité.

Détachez-vous donc promptement ; détachez-vous de ces vieilles idoles que le tems a usées, et qui n'ont jamais pu soutenir le creuset de la raison. Elevez-vous sur les ailes de la philosophie jusqu'à cette haute région d'où l'homme, planant sur l'univers, distingue le bien du mal, le juste de l'injuste, les préjugés de la raison, le mensonge

de la vérité, et se fait un domaine grand comme
la nature, pur, éternel et indestructible comme
elle. Ayez la conscience de votre dignité, de cette
dignité de l'homme si supérieure aux honneurs
factices des institutions sociales, et devant laquelle
s'évanouissent comme des ombres légères la pré-
tendue majesté des rois et les ridicules échasses de
leurs suppôts, monumens de notre dégradation et
de notre honte. Elancez-vous enfin vers la Liberté, vers cette fille du ciel qui tend les bras à
ceux qui l'appellent, qui vient se mêler parmi les
troupes qui combattent sous sa bannière, et les
fait toujours triompher des tyrans qui leur dispu-
tent la victoire. Si cet élan est au-dessus de vos
forces, ne rejettez pas du moins le secours de
l'exemple qui vous sollicite de toutes parts; ac-
ceptez avec une joie empressée le secours plus réel
des armes victorieuses de vos voisins. Vous êtes
placés entre deux peuples, dont l'un ne cesse de
lutter depuis cinq ans contre la tyrannie, et dont
l'autre vient de renaître à la Liberté; approchez-
vous de l'un ou de l'autre, et vous recevrez de
cette communication intime, de ce frottement sa-
lutaire, la vertu qu'un soldat cherchait à imprimer
à son sabre en l'aiguisant contre la pierre qui
couvrait les cendres d'un général célèbre. Com-
blez l'intervalle qui sépare ces nouveaux frères;
et permettez-leur de se donner la main, en la
donnant vous-mêmes à tous les deux; laissez passer chez vous le fil qui porte de France en Hol-

lande l'étincelle électrique qui doit consumer l'orgueil de Vienne et le trident d'Albion. Si en physique la solution de continuité contrarie les lois de la nature, elle est également un mal en politique ; elle ralentit les opérations révolutionnaires dont la principale force consiste dans un mouvement rapide, et une activité non-interrompue.

Belges, peuple intéressant à tant de titres, et que la France appelle à la liberté et au bonheur, écoutez-moi : je vais vous rappeller des circonstances fâcheuses, des événemens peu honorables pour vous ; mais le Temple de la Raison est aussi celui de la Vérité, et il faut tout dire pour n'y plus revenir.

Lorsque les armées de la République entrèrent pour la première fois sur votre territoire, vous en parûtes satisfaits ; et par les applaudissemens que vous prodiguiez à la défaite du despote autrichien, vous sembliez vous féliciter d'en être délivrés pour toujours : mais une joie semblable et plus vive encore se manifesta chez vous, lorsque des trahisons et des perfidies, qui tenaient à un vaste plan de contre-révolution, nous firent perdre le fruit de cette brillante campagne, et nous forcèrent à la retraite. Vous fites plus : vous insultâtes au soldat dans sa marche précipitée... Dirai-je tout ? Des mains scélérates osèrent s'armer contre lui, et attenter lâchement à ses jours. Cette conduite, désavouée par le droit des gens, comme par l'humanité, dut nous faire oublier tous les témoignages d'affection que nous reçumes d'abord de vous, et leur donner dans notre esprit les couleurs d'une insigne fausseté et d'une basse hypocrisie. Vous deviez donc vous attendre, si jamais nos troupes reprenaient leur ascendant, à une vengeance exemplaire et terrible; mais le Français, au-dessus des injures, s'en venge en les oubliant, et se montre bon et humain, lors même que le droit de représailles l'autorise à des mesures sévères et rigoureuses. En effet : où sont les actes de barbarie et d'oppression qu'il a commis après que la bataille à jamais mémorable de Fleurus lui a eu livré toute la Belgique ? La Convention nationale, juste et grande, digne à ce double titre du peuple qu'elle représente, n'a voulu vous punir d'avoir méconnu le bienfait de la Liberté qu'en vous le montrant cette fois - ci dans le lointain, et en promettant de vous en faire jouir, lorsque vous lui auriez prouvé, par votre conduite, que vous méritiez enfin de le recevoir. Elle vous a traités en attendant comme un pays conquis. Mais le droit de conquête ne comporte pas chez nous, comme chez vos anciens maîtres, le droit de piller, de violer, d'incendier et de commettre tous les excès auxquels peut se livrer une soldatesque effrénée. Une contribution en numéraire vous a été demandée;

mais, en même tems, on vous a garanti la sû-
reté de vos personnes et de vos propriétés, en
créant des administrations et des tribunaux acces-
sibles à toutes les réclamations légitimes, et où
la justice la plus impartiale dicte les arrêtés et
prononce les jugemens.

On vous a fait des requisitions pour la subsis-
tance de nos armées. Mais c'est bien la moin-
dre chose que le conquérant vive aux dépens
du pays conquis ; et cependant le Français vit
à ses dépens au milieu de vous, puisqu'il paie
tout ce que vous lui livrez pour ses besoins.
On vous a soumis au *maximum* : mais le
maximum n'a survécu ici que de quelques jours
à celui qui avait lieu dans la République ; et
nos grains requis immédiatement après la ré-
colte, sont entrés au prix du *maximum* dans
les dépôts publics et les magasins militaires.
Mais, Citoyens, ne nous occupons plus ni de
torts ni de plaintes ; n'empoisonnons pas le
présent des souvenirs du passé ; livrons-nous
ensemble à la joie que doit nous inspirer le
succès toujours croissant de nos armes ; & li-
sons dans un avenir prochain le décret qui doit
vous faire Français, & vous associer à notre
gloire. La Convention nationale semble annon-
cer que votre tems d'épreuve touche à sa fin ;
vous connaissez l'arrêté du comité de salut
public du 22 pluviôse, et le nôtre du 27. Plus

de comités de surveillance ; plus de *maximum*
ni d'amendes à défaut de paiement des con-
tributions. Elles seront mieux réparties ; et la
moitié de ce qui reste dû, pourra être payé en
assignats ; les requisitions n'auront lieu que pour
l'approvisionnement des armées ; les ôtages seront rendus ; et le commerce est rétabli entre
la France et la Belgique. Vous le voyez, il
ne reste plus qu'un pas à faire à la Convention,
pour que vous ressentiez tous les effets de la
générosité nationale ; et cette dernière faveur,
cette réunion qui doit faire des Français et des
Belges une famille de frères, l'administration
centrale, organe des communes, l'a provoquée
par une adresse formelle. Nous l'avons appuyée
par une lettre conçue dans les termes les plus
pressans.

En attendant cette heureuse époque, Citoyens,
justifiés d'avance le décret qui doit la consacrer ;
soyez Français, soyez Républicains par le fait,
avant de l'être par la loi. Les tyrans vont faire
leurs derniers efforts dans la campagne qui va
s'ouvrir. Ils seront vaincus, nos nombreuses légions
l'ont juré, et le génie de la liberté l'atteste. Mais
ces braves défenseurs ont des besoins, et nous
devons prendre sur les nôtres pour les remplir.
Quand ils sont exposés à toutes les intempéries
des saisons, quand ils bivouaquent dans la boue
ou sur la glace, quand, versant tout leur sang

pour la Patrie , ils regrettent de n'en avoir pas d'autre à lui donner ; pouvons - nous pousser l'égoïsme , que dis-je ? l'injustice et le crime , jusqu'à calculer quels sacrifices nous devons faire , ce que nous pouvons donner , et ce que nous devons retenir ? Ah ! nos généreux frères d'armes ! dites-nous ce qu'il vous faut et vous l'aurez..... vous l'aurez , et nous ne croirons jamais être quittes envers vous.

Citoyens , il est un autre objet que je ne puis passer sous silence ; il tient de trop près au crédit national , au commerce , à la prospérité commune , et par conséquent à l'ordre public , qui se compose de ces divers élémens.

Quelle est donc cette défiance que vous inspirent nos assignats ? Et pourquoi cette différence énorme et scandaleuse entre le papier républicain et la monnaie métallique ? Je vous le demande : Depuis que chez les nations civilisées l'empire des circonstances a fait substituer momentanément une monnaie fictive à la monnaie ayant une valeur intrinsèque , en a-t-il jamais existé qui ait un gage plus certain , une hypothèque plus assurée et plus solide que nos assignats ? Chaque fois que vous en mettez un dans votre porte-feuille , vous y mettez une portion de la propriété nationale ; et lorsque vous en réunissez une assez grande quantité pour représenter la valeur d'un champ , d'une vigne , d'une maison , c'est comme si vous aviez déja cette maison, cette vigne, ce champ, puisqu'il dépend de vous de l'aller acheter à la République, toujours prête à vous le vendre. Eh quoi! vous accepteriez, avec reconnaissance peut-être, de cet homme qui vous doit, un domaine territorial, au lieu des assignats qu'il vous présente en paiement; et vous n'en voulez plus, vous le décriez, vous l'avilissez parce que c'est la République qui vous l'offre ? Quel aveuglement! quelle stupidité! ou plutôt, quelle malveillance et quelle conspiration! Chaque fois que nous refusons un assignat, ou que nous le frappons de réprobation, en lui préférant une autre monnaie, nous faisons une plaie profonde à la fortune publique; nous portons atteinte au commerce, et nous nous préparons la privation de quelqu'un des objets de première nécessité qu'il nous procure; notre imprudence retombe donc sur nous-mêmes, et nous nous détruisons de nos propres mains. Que cette considération de l'intérêt personnel offensé, agisse du moins sur vous, puisque celle de la chose publique est trop faible pour vous toucher! Le motif de cette marche nouvelle en atténuera, sans doute, le mérite, mais ne nous attachons qu'au résultat : l'homme aurait trop à souffrir dans son amour-propre, s'il fallait toujours remonter au principe de ses actions.

Avant de finir, Citoyens, je me féliciterai avec vous, et avec tous les vrais amis de la liberté, de l'attitude imposante de la Convention nationale. Elle sait qu'un gouvernement n'est durable qu'autant qu'il repose sur la justice et les mœurs ; et c'est celui qu'elle travaille à nous donner avec une imperturbable constance. Aussi quelle force n'a-t-elle pas acquise dans les cabinets de l'Europe ? Et de quel respect n'est-elle pas entourée malgré les cris séditieux et les machinations criminelles des derniers dominateurs ? Non, hommes atroces ! vous ne rétablirez pas votre affreux système. Trop long-tems la terreur a comprimé les ames. Il faut qu'elles reprennent leur ressort au profit de la liberté et de toutes les vertus sociales. Non, vous ne verserez plus le sang innocent, en confondant l'erreur avec le crime, et en mettant les passions à la place de la justice. La République doit être avare du sang de ses enfans ; et, un jour, elle fera sa devise de ces belles paroles de Scipion : " Il vaut mieux „ conserver un Citoyen, que de tuer mille „ ennemis. „

Signé, PERÈS.